Ingo Siegner

erforscht die Dinosaurier

Ingo Siegner

erforscht die Dinosaurier

cbj

Inhalt

Das Drachengeheimnis

Kokosnuss, Oskar und Matilda stürmen ins Klassenzimmer der Drachenschule. Verdutzt bleiben sie stehen: Dr. Blumenkohl liest in einem Buch. Will er heute gar keinen Unterricht halten?
„Herr Dr. Blumenkohl?“, ruft Kokosnuss.
Dr. Blumenkohl springt erschrocken auf. „Ach, ist es schon Morgen? Da habe ich wohl die ganze Nacht gelesen!? Na, kann ja mal passieren.“ Er zeigt ihnen ein dickes Buch. „Hier steht alles über Dinosaurier drin. Wie sie lebten und wie sie aussahen und was sie fraßen … Faszinierend, sage ich euch.“
„Und über Drachen?“, fragt Oskar.
Dr. Blumenkohl stutzt. „Hm, jetzt, wo du fragst … Nein.“
„Blödes Buch!“, schimpft Oskar.
„Sind Dinosaurier und Drachen nicht eng verwandt?“, fragt Matilda.
Dr. Blumenkohl lächelt breit. „Wie wäre es, wenn ihr es herausfindet? Als Schulprojekt.“
„Oh ja! Wir haben ja schon viel über Mumien, Piraten und Wikinger rausgefunden!“, ruft Kokosnuss aufgeregt. „Da sind Dinos ein Klacks! Auf geht's!“

„Mit Dinos kennen wir uns ein wenig aus", sagt Kokosnuss. „Wir waren mit dem Laserphaser ja schon mal in der Zeit der Dinosaurier und haben den Tyrannosaurus Knobi und den Triceratops Topsi kennengelernt. Lasst uns mal an die Tafel schreiben, was wir über Dinos und Drachen wissen."

„Das Fest bei den Tyrannos war toll", sagt Matilda.

„Und Knobis Mettbällchen waren so lecker", seufzt Oskar.

„Das ist ja nicht viel", überlegt Kokosnuss. „Ich glaube, wir müssen noch ein bisschen mehr rausfinden."

„Und wie? Und wo?", fragt Oskar.
„Wir haben Dr. Blumenkohls Bücher", sagt Matilda, „und können ins Dino-Museum gehen."
„Wir fragen andere Drachen, was sie wissen", sagt Kokosnuss.
Oskar grinst. „Und Knobi und Topsi!"
„Du willst mit dem Laserphaser noch mal in die Dinozeit reisen?", fragt Matilda.
„Klar, warum nicht? Wenn uns so ein oller T-Rex doof kommt, brüll ich den einfach aus den Socken", sagt Oskar.

Die Erdzeitalter der Dinosaurier: Trias, Jura und Kreide

„Bevor ihr mit eurem Forschungsprojekt beginnt“, sagt Dr. Blumenkohl, „erzähle ich euch etwas über das **Mesozoikum,** das Erdmittelalter, also die Zeit der Dinosaurier. Da das Mesozoikum unfassbare 186 Millionen Jahre lang dauerte, unterteilen es die Wissenschaftler in drei Zeitabschnitte: Trias, Jura und Kreidezeit.

Damals sah die Erde anders aus als heute. Das **Trias**-Zeitalter dauerte 51 Millionen Jahre. Das war vor etwa 252 bis 201 Millionen Jahren. Es gab nur einen einzigen Super-Kontinent: **Pangäa!** Der war vom Ozean **Panthalassa** umgeben. Das ist Griechisch und heißt „Alles-Wasser“.

Das **Jura**-Zeitalter dauerte 56 Millionen Jahre. Die Erdoberfläche war immer in Bewegung – und sie ist es bis heute. Allerdings passiert das so langsam, dass wir die **Kontinentalverschiebung** nicht bemerken. Würde es von der Entwicklung der Erde einen Zeitraffer-Film geben, sähen

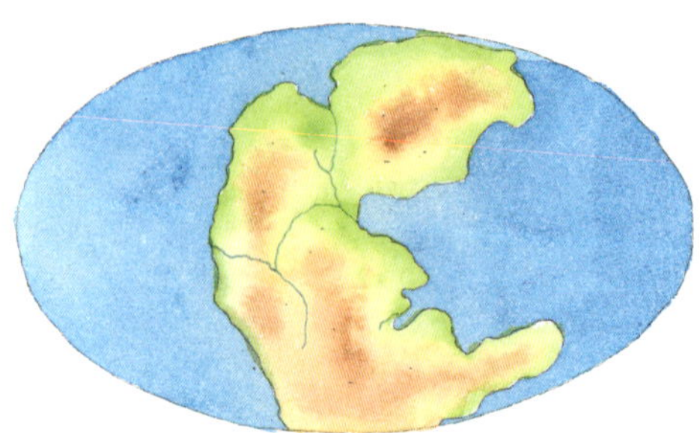

Trias

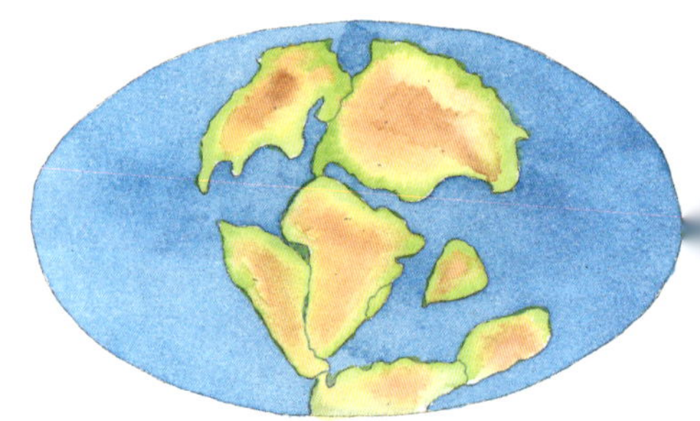

Jura

wir: Der Super-Kontinent Pangäa zerfiel in die Kontinente **Gondawana** im Süden und **Laurasia** im Norden. Im Jura, also vor etwa 201 bis 145 Millionen Jahren, entwickelten sich auf beiden Kontinenten unterschiedliche Lebewesen. Durch das Zerbrechen der Kontinente entstanden mehr und längere Küsten. Dieser fruchtbare Lebensraum war günstig für die Entwicklung von Leben! Die riesigen Landmassen drifteten weiter auseinander, zerbrachen und bildeten neue Kontinente und Meere mit langen Küsten. In der **Kreidezeit,** vor etwa 145 bis 66 Millionen Jahren, sind unsere Kontinente schon zu erkennen. Sie liegen fast wie heute auf der Erdkugel. Weil die Landmassen nicht nur auseinanderfielen, sondern sich auch übereinanderschoben, entstanden Gebirgszüge: zum Beispiel die Anden in Südamerika und die Rocky Mountains in Nordamerika."

*Wenn ihr euch die fett gedruckten Begriffe merkt, könnt ihr damit Freunde, Eltern und Lehrer beeindrucken!

Kreide

Die Erde vor den Dinos – Das Erdaltertum (Paläozoikum)

„Wer hätte das gedacht, dass sich die Erde in ein paar Milliönchen Jahren so verändert!", staunt Oskar. „Gab es vor den Dinos auch schon Tiere?", fragt Kokosnuss.
„Klar, Drachen!", ruft Oskar.
„Quatsch mit Soße", sagt Matilda. Sie beugt sich über Dr. Blumenkohls dickes Buch. „Hm, da gab es noch nicht mal Stachelschweine. Hier steht, dass nach dem Urknall die Erde lange Zeit unbewohnbar war und nur ein riesiger Feuerball! Doch langsam kühlte er ab. Es regnete – Millionen Jahre lang! So entstanden Flüsse, Meere, Ozeane. Und im Wasser entwickelten sich die allerersten Lebewesen: Die Einzeller schlossen sich zu Vielzellern zusammen. Diese Algen waren Nahrung für neue Lebewesen. Im Laufe von Millionen von Jahren wurden es mehr Arten: Schwämme, Krebse, Fische. Und die Tiere konnten immer mehr: besser schwimmen, besser sehen, sich besser gegen Fressfeinde verteidigen.
Lange Zeit war das Land nicht bewohnbar, weil es keine Pflanzen gab. Nix zu fressen – kein Leben! Vor etwa 450 Millionen Jahren begannen am Wasser Moose zu wachsen, Farne und schließlich Bäume. Der erste bekannte Baum war **Eospermatopteris**. Er wurde acht Meter groß."

„Fast so groß wie ein Fressdrache!“, staunt Oskar.
„Einige Fische lebten im seichten Wasser am Ufer von Flüssen und Seen. Mit der Zeit lernten sie, an Land zu gehen, um da zu fressen. So bildeten sich aus ihren Flossen Beine und sie konnten den Sauerstoff aus der Luft atmen. Tiere, die im Wasser und an Land leben können, nennt man **Amphibien**. Es gab also Tiere vor den Dinos: Wirbeltiere, Insekten und Reptilien. Aus diesen **Archosauriern**, entwickelten sich die Dinosaurier!“
„Und zwar in der Trias!“, sagt Oskar. „Trias, wir kommen!“

Aufbruch in die Trias

„Dr. Blumenkohl hat gesagt, die Trias begann vor etwa 252 Millionen Jahren und endete vor etwa 201 Millionen Jahren“, sagt Kokosnuss. „So, jetzt den Laserphaser programmieren ...“
„Ist das nicht schwierig, sich auf ein genaues Jahr festzulegen?“, fragt Matilda.
„51 Millionen Jahre hin oder her ... Pöh!“, sagt Oskar. „Gib einfach Trias ein, mal sehen, was passiert!“
Der Laserphaser sirrt. Es kribbelt kurz in den Bäuchen der Freunde ... Einen Augenblick später stehen Kokosnuss, Matilda und Oskar in einer Landschaft, die ganz anders aussieht als die Dracheninsel: Es ist warm und trocken.
Sie sind in einem Wald aus Nadelbäumen und Palmfarnen gelandet. Dazwischen wachsen Ginkgobäume und lange, knotige Halme.
„Das sind Schachtelhalme“, sagt Matilda und schaut ins Buch. „In der Trias gibt es noch keine Klimazonen und keine Jahreszeiten.
Auf dem großen Kontinent Pangäa ist es also überall und immer ungefähr gleich warm. Auch am Nordpol und am Südpol.“
„Dafür sind die Insekten hier riesig! Schaut mal!“, ruft Oskar. „Die Libelle ist so groß wie ein Fahrrad!“
Kokosnuss macht schnell ein Foto. Wusch, ist sie vorbei. Aber da kommt ein Flugsaurier!
„Schaut mal, ein **Eoraptor**“, flüstert Matilda aufgeregt.

„Das ist einer der ganz frühen Dinos!“
„Seht ihr die Riesenviecher?“, schreit Oskar. Klick, klick, macht Kokosnuss’ Kamera. Eine Herde Dinos mit langen Hälsen trampelt durch den Wald und mampft Grünzeug.

Jetzt hebt einer den Fuß – direkt über ihnen!
„He!“, ruft Oskar. „Pass auf, wo du hinlatschst, du Lulatsch!“
Aber der Dino hört ihn nicht. Blitzschnell beamt Kokosnuss alle zurück in die Drachenschule. Puh, das war knapp!

Die ersten Dinosaurier gab es vor etwa 235 Millionen Jahren. Frühe Flugsaurier glitten bereits in der Trias durch die Luft. Daneben gab es viele Reptilien: Krokodile machten die Ufer unsicher. Schildkröten lebten in Seen und Meeren. Und natürlich Fische, auch große und gefährliche wie Haie. Die ersten winzigen Säugetiere entwickelten sich in der späten Trias.

Der **Eoraptor** ist einer der frühesten Dinosaurier. Er war 1 Meter lang und 10 Kilo schwer. Auf seinen schlanken Beinen konnte er sich schnell bewegen – perfekt für die Jagd! Vermutlich ernährte er sich auch von Pflanzen. Der Eoraptor ähnelt also den späteren **Theropoden**, den fleischfressenden zweibeinigen Dinos. Aber in seinem Gebiss gibt es auch Zähne wie bei den Pflanzenfressern, aus denen sich die riesigen, langhalsigen **Sauropoden** entwickelten.

Der **Herrerasaurus** ist einer der ganz frühen **Theropoden**, ein zweibeiniger Fleischfresser und geschickter Jäger. Er lebte in Wäldern mit Nadelbäumen und Farnen, wo er langsameren Reptilien auflauerte. Er wurde 3 bis 6 Meter lang und wog 250 bis 350 Kilo.

Schachtelhalme gehören zu den ältesten Pflanzen – sie wachsen auch heute noch.

Der **Eudimorphodon** gehört zu den frühesten Flugsauriern mit einer Flügelspannweite von 1 Meter. Er war wohl ein guter Flieger und geschickter Fischer: In seinem schnabelartigen Maul hatte er über 100 kleine spitze Zähne. Das rautenförmige Paddel am Schwanzende diente vermutlich zur Steuerung.

Der **Plateosaurus** ist einer der ältesten Groß-Saurier (zwischen 5 und 10 Meter lang). Er war ein Pflanzenfresser. Die Tiere wogen zwischen 600 Kilo und 4 Tonnen.

Der **Coelophysis** wurde etwa 2,50 Meter lang und war mit etwa 20 bis 30 Kilo leichter als ein Schäferhund. Der schnelle, geschickte Jäger war schon deutlich größer als der Eoraptor. Der lange kräftige Schwanz diente als Gegengewicht zum Oberkörper.

Das kleine **Megazostrodon** (10 Zentimeter) war kein Dino, sondern eines der allerersten Säugetiere! Sein Körperbau zeigt noch Spuren eines Reptils, es hatte aber bereits „säugetiertypische" Zähne und ein Fell. Ob das Megazostrodon seine Jungen mit Milch säugte, weiß man nicht, aber in jedem Fall ist er ein Urururururvorfahre unserer heutigen Säugetiere!

Ausflug ins Jura-Zeitalter

Kokosnuss dreht am Laserphaser. „Der Jura war vor 201 bis 145 Millionen Jahren", sagt er. „Im Oberjura, also der späten Jurazeit, gab es die spannendsten Dinos."

„Und die gefährlichsten …", murmelt Matilda.

Der Laserphaser surrt leise, es kribbelt – die Freunde landen in einem dichten grünen Wald aus meterhohen Farnen und Nadelbäumen.

„Grünzeug gibt's ja massig", sagt Oskar.

„Stimmt", antwortet Matilda. „Zwei Kontinente, **Gondawana** und **Laurasia**, bedeuten: es gibt längere Küsten, an denen Pflanzen wachsen! Es ist kühler und regnet mehr. Die Pflanzen wachsen ‚wie Unkraut'. Deswegen gibt's auch viele Tiere, die sie fressen … und Fleischfresser, die die Pflanzenfresser jagen."

Kokosnuss entdeckt durch den Sucher seiner Kamera eine Herde **Stegosaurier** mit breiten, spitz zulaufenden Rückenplatten und dornenbewehrten Schwänzen. Um sie herum wuseln kleinere Dinos. Aufmerksam schauen sich die **Camptosaurier** mit großen Augen um. Plötzlich schreit einer laut – eine Warnung! Die kleinen Dinos stellen sich auf ihre Hinterbeine und ergreifen die Flucht. Die großen Panzer-Dinos sind

nicht so schnell. Da hören die Freunde tonnenschwere Schritte! Die Erde bebt! Ein Dino mit scharfen Reißzähnen und langen Klauen stürzt hinter einem Felsen hervor.
„Der sieht fast aus wie ein T-Rex", flüstert Oskar.
„Kann nicht sein, falsche Zeit …", flüstert Matilda.
„Das ist ein … **Allosaurus!**"
Blitzschnell laufen drei kleine **Compsognathus**-Dinos an ihnen vorbei. Sie sind nur so groß wie Matilda. Sie warten auf Beute aus dem Kampf und lecken sich die spitzen Zähne. Der Allosaurus hat sich einen Stegosaurus ausgeguckt und beißt ihm in die Rückenplatte. Aber ein zweiter Stegosaurus haut dem Allo den Schwanz mit den Dornen um die Ohren. Der Allosaurus brüllt – und haut ab.
„Puh, da hat der Stegosaurus Glück gehabt", sagt Matilda.

Plötzlich taucht ein Schädel an einem sehr langen Hals zwischen den Bäumen auf. Ratsch, reißt der Dino die Blätter vom Farn.
„Der hört ja gar nicht mehr auf zu fressen!", ruft Oskar.
„Pass nur auf, dass du nicht aus Versehen als Fleischbeilage in seinem Maul endest!", ruft Matilda. „Der **Brachiosaurus** ist zwar Vegetarier, aber nun mal nicht der Hellste im Oberstübchen."
Noch ein Foto – dann geht's zurück nach Hause auf die Dracheninsel!

Im Jura lebten die meisten und größten Sauropoden – riesengroße, vegetarische Langhals-Echsen wie der Brachiosaurus: Kennst du Diplodocus, Barosaurus, Apatosaurus? Supersaurus wurde etwa 40 Meter lang und war eines der größten Tiere, das je auf der Erde lebte.

Der **Stegosaurus** war 9 Meter lang, 4 Meter hoch und wog etwa 5 Tonnen. Er hatte auf Hals, Rücken und Schwanz 17 imposante Knochenplatten. Seine Vorderbeine waren kürzer als seine Hinterbeine. Vermutlich trug er den Stachel-Schwanz hoch, den kleinen Kopf mit dem etwa 80 Gramm leichten Winzhirn unten. Er fraß am Boden wachsende Pflanzen.

Der **Brachiosaurus** wog zwischen 25 und 80 Tonnen und wurde 25 Meter lang. Mit seinem langen Hals konnte er Baumkronen erreichen. Die Blätter schluckte er unzerkaut hinunter – ungefähr 200 Kilo am Tag! Sein Kopf war winzig im Vergleich zum riesigen Körper – er war wohl nicht besonders schlau.

Stegosaurus

Zu seiner Zeit war der **Allosaurus** (S. 21) der gefährlichste Jäger. Er wurde 9 bis 12 Meter lang und wog etwa 2 Tonnen. Der Fleischfresser konnte auf seinen starken Hinterbeinen ziemlich schnell laufen. Er packte mit den 15 Zentimeter langen Klauen fest zu. Seine 10 Zentimeter langen Zähne hatten Sägekanten, um Fleisch besser zerkleinern zu können.

Der **Compsognathus** wurde nur 1 Meter lang, war aber sehr schnell. In seinem schmalen Kiefer gab es viele scharfe, gebogene Zähne! Auf zwei Hinterbeinen machte er Jagd auf kleine Echsen, Insekten und Säugetiere. Sein Schwanz war doppelt so lang wie sein Körper. Damit konnte er beim Laufen gut das Gleichgewicht halten. Viele seiner Knochen waren innen hohl. Das machte ihn leicht und flink – und zu einem Vorfahren der Vögel!

Der **Camptosaurus** wurde 6 Meter lang und 500 Kilo schwer. Dieser relativ kleine Dinosaurier, der sich von Pflanzen ernährte, bewegte sich meistens auf Beinen und Armen. Bei einem Angriff blieb ihm nur die Flucht. Dabei kam er auf zwei Beinen recht schnell vorwärts. Vermutlich war er ziemlich schlau (für einen Dino) – offenbar ließ er sich vom wehrhaften Stegosaurus beschützen.

Gefahr in der Kreidezeit!

„Toll, dass ihr mal vorbeischaut!“, ruft Topsi erfreut. „Wollt ihr wieder eine Party mit uns feiern?“, fragt Knobi. Kokosnuss, Oskar und Matilda grinsen ihre Freunde Topsi, den Triceratops, und Knobi, den Tyrannosaurus Rex, an[1]. „Nee, wir müssen für ein Schulprojekt alles über die Kreidezeit rauskriegen“, erklärt Kokosnuss.
Matilda blättert in ihrem Buch. „Also, wir wissen schon, dass in den 79 Millionen Jahren Kreidezeit die Klimazonen entstanden sind.“
„Hä?“, fragt Knobi.
„Na, an Nord- und Südpol ist es jetzt kalt. Dafür ist es rund um den Äquator so warm und feucht, dass viele Pflanzen wachsen, sogar welche mit richtigen Blüten.“
„Solche gibt es hier auch. Hm, die schmecken lecker!“, sagt Topsi. Die Freunde schauen sich um. Überall wachsen Farne, Schachtelhalme und Koniferen. Eine Magnolie blüht. Der Boden ist mit feiner Vulkanasche bedeckt. Dazwischen entdeckt Kokosnuss Gras.
„Im Winter wird es ganz schön kalt hier“, sagt Topsi. „Da wandert meine Herde in wärmere Gegenden. Im Sommer kommen wir wieder hierher zurück.“

[1] Die beiden Arten waren in der Kreidezeit nicht miteinander befreundet. Das gibt es nur in Geschichten, zum Beispiel in „Der kleine Drache Kokosnuss und die Dinosaurier“ von Ingo Siegner.

„Das steht hier auch: Die Jahreszeiten entstehen“, liest Matilda aus ihrem Buch vor. Oskar will los. Knobi bleibt im Versteck, damit er niemandem Angst macht. Die anderen Dinos wissen ja nicht, dass er der einzige Tyranno ist, der kein Fleisch frisst.

Topsi läuft mit den drei Freunden den Hügel hinab zum See. Hier trinken große und kleine Dinos und kühlen sich im Wasser ab. Kokosnuss fotografiert. Matilda kritzelt in ihr kleines Notizbuch. Oskar sieht sich staunend um und befragt einen **Maiasaurus** mit Entenschnabel, der von seinen Jungen umringt ist.

„Da hinten weidet meine Herde!“, sagt Topsi stolz. „Sehen wir Triceratopse nicht beeindruckend aus mit unseren drei Hörnern? Das glaubt doch keiner, dass wir niemandem was tun.“ Er kichert. Ein behäbiger Dino mit Stachelrücken und einer Keule am Schwanzende zieht vorbei. „Ein **Ankylosaurus**“, erklärt Topsi.

„Und wer veranstaltet da so ein Hupkonzert?", fragt Kokosnuss. Diese Dinos mit dem langen Horn am Hinterkopf sehen komisch aus. Und der da drüben wirkt, als hätte er einen Helm auf dem Kopf. Es ist aber eine riesige Knochenhaube! Boah, und da sind einige, deren Daumen wie riesige Messer aussehen! Und da steht ein **Alamosaurus** im Wasser. Nur der kleine Kopf auf dem langen Hals schaut heraus. Kokosnuss macht Fotos. „In Deckung!", brüllt Knobi plötzlich und rennt aus seinem Versteck auf die Freunde zu. In letzter Sekunde zieht er sie hinter einen Felsen. Da stürzt ein T-Rex aus dem Wald! Brüllend und fauchend rennt er auf die friedlichen Dinos zu.

Parasaurolophus

Ein **Parasaurolophus** mit dem trötigen Horn am Hinterkopf veranstaltet einen Heidenlärm, um die anderen zu warnen. Auf ihren Hinterbeinen rennen sie davon.

Pachycephalosaurus

Der **Ankylosaurus** mit dem Keulenschwanz kann nicht abhauen. Dazu ist er viel zu schwer und zu langsam. Aber da er rundum gepanzert ist, legt er sich einfach auf den Bauch und schwingt seine riesige Keule, damit ihm der T-Rex nicht zu nahekommt. Die Triceratops-Herde drängt sich zusammen und senkt die Köpfe. Ihre drei mächtigen Hörner am Kopf und auf der

Triceratops

Nase wirken gefährlich. Der T-Rex rennt auf ein **Iguanodon** (S. 28) zu. Es rammt dem furchtbaren Riesen geschickt die Daumenkralle in den Bauch. Das tut weh, aber der T-Rex zuckt nicht mit der Wimper. Na gut, seine Augenlider haben ja keine Wimpern.
„Mann, Mann“, flüstert Knobi. „Den kenne ich gar nicht. Bestimmt kommen gleich Ultimo und Schmatzo, um ihn zu verjagen. Die Kreidezeit ist nix für kleine Drachen. Haut lieber ab.“ Er steckt Kokosnuss einen Zettel zu. „Hab hier aufgeschrieben, was ihr vielleicht sonst noch wissen wollt.“
„Danke, Knobi!“, flüstert Kokosnuss. „Mach's gut!“

In der Kreidezeit lebten unterschiedliche Dinosaurier. Sie hatten sich aus Vorfahren aus anderen Zeitaltern entwickelt und optimal an ihre jeweiligen Lebensräume angepasst. Je nach Lage der Kontinente war das Klima unterschiedlich. In der Nähe der Pole war es deutlich kühler, ähnlich wie heute. Klar, dass sich da auch unterschiedliche Pflanzen und Tiere entwickelten!

Das **Iguanodon** lebte vor etwa 130 Millionen Jahren in der frühen Kreidezeit. Er wurde 8 bis 10 Meter lang, war aufgerichtet 5 Meter hoch und wurde bis zu 4,5 Tonnen schwer. Seine Hände hatten vier Finger und einen großen Daumendorn. Damit konnte der Pflanzenfresser gut Äste, Stängel und Früchte greifen, die er mit seinem harten Schnabel abrupfte und zerkaute. Die Daumenkralle brauchte er zur Verteidigung – und bei Kämpfen gegen Rivalen der eigenen Art.

Der **Ankylosaurus** lebte vor etwa 70 bis 66 Millionen Jahren (späte Kreidezeit). Er wurde etwa 8 bis 10 Meter lang und etwa 3,5 Tonnen schwer. Der Pflanzenfresser, der sich auf vier Beinen fortbewegte, war außer am Bauch rundum von Knochenplatten und Dornen geschützt: sogar die Augenlider waren gepanzert! Die meiste Zeit verbrachte er mit Fressen. Mit seinem breiten Maul rupfte er Pflanzen am Boden ab. Wurde er angegriffen, schützte ihn sein Panzer. Mit der Knochenkeule am Schwanzende teilte er kräftige Schläge aus.

Der **Parasaurolophus** (S. 31) lebte vor etwa 75 Millionen Jahren (Oberkreide). Er trug einen auffälligen Knochenkamm am Hinterkopf, der bis zu 1,80 Meter lang werden konnte. Vermutlich stießen erwachsene Tiere damit tiefe Trompetenlaute aus. Jungtiere konnten wohl sehr hohe Fieptöne erzeugen, die die Muttertiere dank ihres guten Gehörs wahrnahmen. Die 10 Meter langen und 2,5 Tonnen schweren Dinos waren tagaktive Pflanzenfresser.

Die **Maiasaura** lebten vor etwa 80 Millionen Jahren (Oberkreide). Sie wurden 7 bis 9 Meter lang und etwa 2,5 Tonnen schwer. In der breiten, entenschnabelförmigen, hornbesetzten Schnauze wuchsen etwa 2000 Zähne. Damit zermalmte das erwachsene Tier täglich ungefähr 90 Kilo Pflanzen. Maiasaura lebten in Herden von bis zu 10 000 Tieren.

Der **Pachycephalosaurus** lebte in der späten Kreidezeit vor etwa 70 bis 66 Millionen Jahren. Er wurde ungefähr 4,5 Meter lang und 450 Kilo schwer und lief auf zwei Beinen. Die größte Dickschädelechse verdankt ihren Namen dieser Besonderheit: Ihr etwa 60 Zentimeter langer Schädel wurde von einem bis zu 25 Zentimeter dicken Schädeldach geschützt. Vermutlich rammte sie damit in die weichen Flanken ihrer Angreifer. Ihren Rivalen versetzte sie kräftige Schläge mit dem Kopf. Als Pflanzenfresser und Insektenjäger war sie normalerweise wohl ein friedlicher Zeitgenosse.

Alles, was man über den T-Rex wissen muss!

„Was hat Knobi denn aufgeschrieben?“, fragt Matilda, als sie wieder in der Drachenschule sind.
„Vielleicht sein Mettbällchen-Rezept?“, fragt Oskar.
„Nein, viel besser!“, ruft Kokosnuss und breitet den Zettel aus. Er ist riesig – wie könnte ein Tyranno-Notizzettel anders auch sein?

Hallo! Ihr hattet ja nicht viel Zeit, was über uns Tyrannos rauszufinden. Wäre auch zu gefährlich! Deshalb habe ich euch ein paar Dinge aufgeschrieben: „Rex" bedeutet König – und der Tyrannosaurus Rex wird so genannt, weil er der schrecklichste Dino war, der je auf der Erde lebte. Aber wenn ihr denkt, das war der Einzige seiner Art, täuscht ihr euch gewaltig! Es gab auch andere **Tyrannosauroiden**, die genauso schrecklich waren. Sie waren die Vorfahren oder die „Geschwister" vom Tyrannosaurus Rex. Die ersten tauchten im Jura auf und entwickelten sich im Laufe der Jahrmillionen zu gefürchteten Fressfeinden. Da sie riesige Reviere brauchten, um ihren Hunger zu stillen, lebten sie weit voneinander entfernt: In der Oberkreide, der Hauptzeit dieser starken Jäger, hatte jede Landschaft ihre „eigene" Tyrannosaurus-Art. Alle waren mächtige Theropoden, also zweibeinige Fleischfresser. Sie hatten starke Hälse, kurze Arme mit je zwei Krallen und scharfe Zähne. Da sie so stark und groß waren, standen sie an der Spitze der Nahrungskette.

Seht mal, so sahen unsere Vorfahren und Zeitgenossen aus:

Der **Tarbosaurus** lebte vor 72 bis 66 Millionen Jahren. Er wurde etwa 10 Meter lang. Dieser Tyrannosaurier war ein Zeitgenosse des T-Rex, lebte aber auf einer Landmasse im heutigen China. In seinem Kiefer hatten 60 bis 64 unterschiedlich große Zähne Platz.

Der **Gorgosaurus** lebte vor 76 bis 72 Millionen Jahren (Oberkreide). Er wurde etwa 8 bis 9 Meter lang und wog etwa 2,4 Tonnen. In wenigen Gebieten Nordamerikas lebten Gorgosaurus und Daspletorsaurus gemeinsam. Damit sie sich nicht „ins Gehege kamen", spezialisierten sie sich auf unterschiedliche Beute. Gorgosaurus hatte einen großen Kopf, einen s-förmigen Hals, kurze Arme und Pfoten mit je zwei Fingern und Klauen. Er war mit seinen hohen, starken Hinterbeinen wohl etwas flinker als der Daspletosaurus.

Der **Daspletosaurus** lebte vor 80 bis 72 Millionen Jahren (Oberkreide). Er wurde 8 bis 9 Meter lang und wog etwa 2,5 Tonnen. Der Daspletosaurus hatte einen großen, aber recht leichten Schädel. Vermutlich konnte er nicht so kraftvoll zubeißen. Stattdessen nutzte er seine starken Nackenmuskeln, um kleinere Beutetiere hin und her zu schleudern. Großen Beutetieren riss er mit seinen scharfen Zähnen schlimme Wunden.

Und hier noch spannende Fakten zu den T-Rexen:

Der **Tyrannosaurus Rex** lebte vor 68 bis 66 Millionen Jahren (späte Oberkreide). Er wurde etwa 12 Meter lang und wog 6 bis 10 Tonnen. Der Tyrannosaurus Rex gilt als der größte fleischfressende Dinosaurier. Allein sein Kopf war bis zu 1,5 Meter groß. Sein Schädel war so gebaut, dass er mit unglaublicher Kraft zubeißen konnte. Mit seinen 50 bis 60 messerartigen, bis zu 23 Zentimeter langen Zähnen konnte er tödliche Wunden reißen und Knochen brechen. Auf den kräftigen Hinterbeinen beschleunigte er auf bis zu 36 Stundenkilometer. Hört sich nicht schnell an, aber jeder Schritt brachte ihn seinem Opfer etwa vier Meter näher! Mit seinen nach vorn gerichteten Augen konnte er seine Beute gut ins Visier nehmen. Im Vergleich zu seiner Körpergröße waren seine Vorderpfoten mit den zwei Fingern und Klauen

ziemlich klein. Aber die Arme waren muskelbepackt und konnten bis zu 200 Kilogramm schwere Beute festhalten. Der gefährliche Räuber stand an der Spitze der Nahrungskette! Allerdings kostete das Jagen viel Energie. Da es noch keine Tiefkühltruhe gab, fraßen sich die T-Rexe an der Beute immer mehr als satt und kehrten nach einiger Zeit für einen „Nachschlag" zurück. Der Tyrannosaurus Rex hatte einen ausgezeichneten Geruchssinn – Aas, also bereits tote Tiere, witterte er auf 40 Kilometer Entfernung. So konnte er seine Beute wiederfinden oder die von kleineren Fleischfressern klauen. Auch Tiere, die an Krankheiten oder Altersschwäche gestorben waren, witterte er. So „räumte" der T-Rex die Gegend auf. Ich hoffe, das hat euch weitergeholfen.

Viele Grüße, Euer **Knobi**

Fleischfresser und Pflanzenfresser

Dr. Blumenkohl räuspert sich und erklärt: „Fressen und gefressen werden. Das war der größte Unterschied: Es gab Fleischfresser, die **Karnivoren**, und Pflanzenfresser, die **Herbivoren**. Große Herbivore, die **Sauropoden** mit ihren superlangen Hälsen, konnten Blätter von Bäumen zupfen und weite Flächen am Boden „abfressen", ohne ihren tonnenschweren Körper von der Stelle bewegen zu müssen. Um ihren gigantischen Körpern genügend Energie zuzuführen, mussten sie nahezu ununterbrochen fressen. Zum

Kauen war da keine Zeit. Die harten, unzerkauten Blätter waren jedoch schwer zu verdauen. Deshalb fraßen sie Magensteine mit, sogenannte **Gastrolithe**, die im Magen die Nahrung zerrieben. Wo viel verdaut wird, entstehen Gase. Wahrscheinlich roch es rund um die vegetarischen Riesendinos nicht so gut …
Viele große Herbivore mussten ihr Gewicht auf vier Beine verteilen. Die leichteren Pflanzenfresser bewegten sich meist auf Hinter- und Vorderläufen, liefen aber auf zwei Beinen, wenn sie schnell fliehen mussten.
Die meisten Karnivoren liefen auf zwei Beinen. Zerkautes Fleisch ist leichter zu verdauen als ganze Blätter. So genügte den Fleischfressern ein kleinerer Verdauungsapparat. Der ganze Körper war schlanker und wendiger – und auf zwei Beinen konnten die gefährlichen Jäger sehr schnell laufen. Ihre Zähne waren lang, spitz und geriffelt wie ein Steakmesser. Damit konnten sie ihre Beute fest packen, tödlich verletzen und das Fleisch gut zerkleinern. Überall auf der Erde, wo es riesige Pflanzenfresser gab, waren ‚Jäger' auf ihr Fleisch aus. Das sorgte für das perfekte Gleichgewicht: Hätten die Fleischfresser keine Herbivoren gefressen, hätten die immer hungrigen Pflanzenfresser vermutlich alles Grün ratzekahl weggeputzt – und sich irgendwann selbst die Nahrung weggefressen."

Angriff – die „Waffen“ der Dinos

Fleischfresser machten sich über Pflanzenfresser her – und auch über kleinere Fleischfresser und tote Tiere (Aas). Dafür brauchten sie ‚Messer und Gabel‘ – das heißt: ‚Zähne und Klauen‘!

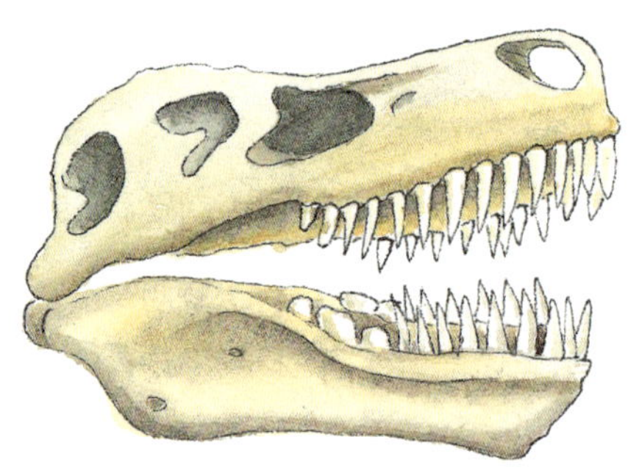

Ein Zahn vom **Tyrannosaurus Rex** konnte 23 Zentimeter lang werden. Sie waren messerscharf und wuchsen nach, wenn sie ausfielen. Wie bei Krokodilen! Der Tyranno-Kiefer war so stark, dass er Knochen zerbeißen konnte.

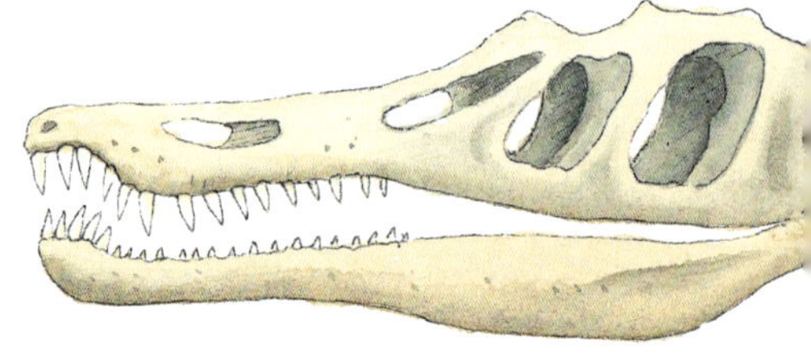

Viele Jäger, wie der **Allosaurus**, waren groß und stark und hatten kräftige Arme mit scharfen Krallen. Damit trauten sie sich sogar an größere Tiere. Meistens aber jagten die Fleischfresser in ihrer „Gewichtsklasse“.

Die Dinos, die am Wasser lebten, hatten perfekte Gebisse für den Fischfang, wie hier der **Spinosaurus**.

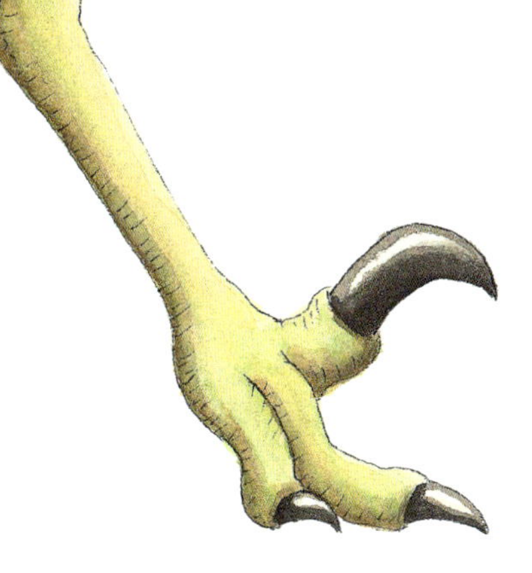

Die riesige dritte Kralle am Fuß vom **Deinonychos** war so beweglich wie ein Klappmesser. Die kleinen, flinken Jäger griffen im Rudel an.

Der **Troodon** war klein, hatte aber Grips … und gute Augen: Sie jagten nachts im Rudel. Sie warteten, bis ihre tagaktive Beute eingeschlafen war – und stürzten sich dann gemeinsam auf ein Tier.

Und der **Sinornithosaurus**, ein gefiederter Dinosaurier der frühen Kreidezeit, hat seine Beute wohl zuerst mit einem giftigen Biss betäubt und dann getötet: Seine Zähne weisen kleine Gift-Kanäle auf. Die Beutetiere waren meist krank, alt oder unerfahren, also leichter zu kriegen.

Die Verteidigungsmethoden der Dinos

Manchmal ist die beste Verteidigungsmethode das Weglaufen. Das haben kleinere Pflanzenfresser oft gemacht. Einige konnten sich aber gut zur Wehr setzen! Jeder Dino hatte seine eigene Überlebensstrategie. Denn: Wer lässt sich schon gern auffressen?

Der **Ankylosaurus** besaß am Schwanzende eine riesige Keule! Und sein Körper war mit Knochenplatten bedeckt. Er war gepanzert wie ein Ritter!

Der **Stegosaurus** hatte zur Verteidigung beeindruckende Knochenplatten auf dem Rücken und lange Knochenspitzen am Schwanz.

Die **Sauropoden** konnten mit ihren laaangen Schwänzen Peitschenhiebe austeilen.

Die Daumenkralle vom **Iguanodon** glich einer Sichel: Damit konnte er Blätter abschneiden – und sich mordsmäßig verteidigen.

Der Nackenschutz vom **Triceratops** war überlebenswichtig und die spitzen Hörner konnten fast einen Meter lang werden. Wenn sich die Herde zusammenstellte, war an die Tiere in der Mitte kein Herankommen.

Die unglaublichsten Dino-Rekorde

„Um zu überleben", sagt Kokosnuss, „musste ein Dino immer besser sein als die, die ihm ans Leder wollten. Sie mussten schneller, schlauer, stärker sein!"
„Oder größer, dicker, verfressener!", sagt Oskar.
„Schaut mal, hier habe ich unglaubliche Dino-Rekorde gesammelt", sagt Matilda.

Der **Seismosaurus** war ein Sauropode der Jurazeit und womöglich der längste Dino, der je lebte. Er war so lang wie vier Busse!

Der **Argentinosaurus**, ein Sauropode der Kreidezeit, war vermutlich der schwerste Dino aller Zeiten: Mit seinen großen, massiven Knochen wog er über 80 Tonnen – mehr als 12 Elefanten.

Der langsamste Dinosaurier war der **Ankylosaurus**. Kein Wunder, bei der schweren Panzerung!

Der schnellste Dino war vermutlich **Gallimimus**, ein Dinosaurier der Kreidezeit. Sein Körperbau war leicht und schmal. Auf seinen zwei langen Beinen hat er es auf bis zu 70 km/h gebracht.

Der etwa 9 Meter große **Therizinosaurus** hatte die längsten Krallen – sie waren etwa einen Meter lang!

Mit seinen hohen Schultern und den extralangen Wirbeln im 8 bis 9 Meter langen Hals war der **Brachiosaurus** wohl der höchste Dino: mit etwa 20 Metern Höhe so groß wie ein Hochhaus mit 6 Stockwerken.

Der schlauste Dino war vermutlich **Troodon** (S. 41). Beim Angriff konnte sich das Rudel verständigen und, wenn nötig, die Taktik ändern.

Dino sucht Dino-Frau – die Dinosaurier und ihr Nachwuchs

In den rund 160 Millionen Jahren, die die Dinosaurier auf der Erde lebten, haben sie sich sehr verändert. Aber eins ist gleich geblieben: Sie haben sich immer wieder zu Paaren zusammengetan, damit die Weibchen Junge bekommen konnten. Doch vermutlich ist auch das bei den Dinos nicht ohne Kämpfe passiert, mal mit mehr und mal mit weniger Blutvergießen.

Die „Tröte" auf den Köpfen der **Parasaurolophus**-Männchen war größer als die der Weibchen. Man geht davon aus, dass die Männchen mit tollen Konzerten auf sich aufmerksam gemacht haben – und das Weibchen hat den gewählt, der am lautesten trompeten konnte.

Beim Kampf ums Weibchen setzte sich bei den **Pachycephalosaurus**-Männchen der größte Dickschädel durch: Sie rammten sich gegenseitig mit ihren verstärkten Schädeldecken. In der Herde haben sich vermutlich nur die stärksten Männchen mit einem Weibchen gepaart – wie bei vielen Herdentieren heute.

Der Nackenschild der **Triceratops**-Männchen (S. 43) war größer als der der Weibchen. Es könnte sein, dass sie in die Haut, die die Knochen überspannte, Blut pumpen konnten, sodass der imposante Kopf rot leuchtete. Das hat den Weibchen gefallen – und andere Männchen verschreckt.

Die Einzelgänger unter den Dinosauriern trafen sich vermutlich zu einem bestimmten Zeitpunkt zur Paarung, um dann wieder auseinanderzugehen. Ein echtes Mesozoikum-Rendezvous!

Ob es bei seinen Eltern Mette und Magnus eine romantische Hochzeit gab, muss Kokosnuss noch herausfinden …

Aufzucht des Nachwuchses

„Dino-Babys sind ja fast so knuffig wie Drachenkinder“, findet Oskar. „In der Kreidezeit habe ich mich mit einer Maiasaura-Mama unterhalten.“

„Zähle ich das richtig? Neunlinge? Alle Achtung!“

„Na ja, ich hatte 24 Eier gelegt und alle schön im Kreis angeordnet. Aber hier schleichen eine Menge Eierdiebe herum. Für die ist ein Dino-Ei eine Delikatesse. Wir Maiasaura bauen unsere Nester in großen Kolonien eng nebeneinander, um uns gegenseitig vor Räubern zu schützen. Aber ich konnte nur 13 Eier retten, schnüff.“

„Und wo sind deine anderen Kinder?“

„Drei waren zu schwach, schnüff! Sie haben es nicht geschafft. Einer war zu keck und hat sich zu weit vom Nest entfernt. Mini-Dinos sind leichte Beute für Fleischfresser, weißt du.“

„Mann, Mann, das klingt ja echt hart!“

„Wenn die Kleinen aus dem Ei schlüpfen, muss ich mich eine ganze Weile um sie kümmern und sie beschützen. Sie bleiben im Nest, bis sie stark genug sind, um mit auf Nahrungssuche zu kommen. Bis dahin füttere ich sie mit einem Brei aus Pflanzen, die ich gut durchkaue und für sie dann auswürge.“

„Klingt lecker. Und du setzt dich auf deine Kinder drauf wie ein Huhn?“

„Was ist denn bitte ein Huhn? Oder meinst du vielleicht einen **Gigantoraptor**. Das Weibchen setzt sich auf das Nest, um die Eier zu wärmen. Nein, nein. Ich decke das Nest mit Blättern zu. Wenn die verrotten, gibt das eine schöne Wärme.“

„Gemütlich ...“

„Allerdings, ich bin ja auch die beste Mutter der Dino-Zeit, sagt schon mein Name: ‚Gute-Mutter-Saurier.‘ Hach, und wie die Kleinen wachsen! Am Anfang sind sie kaum 30 Zentimeter groß. Nach einem Jahr sind sie 2,5 Meter lang und mit acht Jahren dann ausgewachsen. Sie machen mir solche Freude! Kaum vorstellbar, dass es Dinos

gibt, die ihre Eier einfach ablegen und sich selbst überlassen. Der **Diplodocus** etwa, tsä. Kannst du dir vorstellen, dass die Eier dieses 25 Meter langen Sauriers kleiner waren als meine? Na ja, ist ja dann auch im Jura ausgestorben ... Zum Glück können diese mutterlosen Babys gleich für sich selbst sorgen. Die kleinen Troodons zum Beispiel können nach dem Schlüpfen schon laufen. Und schlau sind sie ja auch. Aber natürlich nicht so süß wie meine!“

„Maia, vielen Dank für das Gespräch.“

Das Zusammenleben der Dinosaurier

„Hatten die Dinos auch so schrecklich nette Familien wie wir?“, fragt Kokosnuss.
„Du meinst, eine Familie mit Vater, Mutter, Kind?“, fragt Matilda. „Darüber weiß man nichts. Aber es gab viele Pflanzenfresser, die in großen Herden zusammenlebten. Manchmal waren das bis zu 10 000 Tiere – eine riesige Großfamilie! Eine Herde bot Schutz, besonders für die jüngeren, schwächeren Mitglieder. So haben wohl gut bewehrte Dinos wie die Triceratopse bei einem Angriff einen Verteidigungsring um die Herde gebildet. Da mussten sich die Angreifer schon was einfallen lassen, um an ein einzelnes Beutetier heranzukommen. Aber eine große Herde bedeutete auch, dass ständig viel Grünzeug benötigt wurde, um alle satt zu kriegen. Deswegen zogen Herden auf der Suche nach Weideplätzen oft weit umher – und wieder zurück zu ihren Brutplätzen.“

Die Herden von **Stegosaurus** und **Camptosaurus** lebten offenbar gut zusammen. Die etwas schlaueren Camptosaurier hielten Ausschau und Wache. Die schweren Stegosaurier konnten mit ihren Stacheln die Angreifer in die Flucht schlagen.

Große Fleischfresser wie die **Tyrannosauroiden** lebten eher als Einzelgänger, denn sie teilten ihre Beute nicht gern. Der **Daspletosaurus** hingegen jagte in kleinen Rudeln aus jüngeren und älteren Tieren: Die jüngeren, wendigeren hetzten die Beute, die älteren, schwereren erlegten sie. Beim Fressen gab es eine klare Rangordnung: Zuerst durften die Starken ran, dann waren die Jüngeren an der Reihe.

Während sich die Maiasaura ausgiebig um den Nachwuchs kümmerten, hat der **Gigantoraptor** seine Eier richtig bebrütet. Das Weibchen saß bis zu 80 Tage auf den etwa 45 Zentimeter großen Eiern. Eine gefährliche Zeit, denn das Weibchen konnte das Nest immer nur kurz verlassen. Wo sich die Eltern gut um den Nachwuchs kümmerten, wuchsen die Kleinen sicherer heran – und sorgten für das Überleben der Art.

Das „Nachtleben" der Dinos

„Meine Nachforschungen haben ergeben", sagt Oskar, „dass das „Nachtleben" der Dinosaurier wohl doch anders aussah, als wir das bei Schmatzo, Ultimo und Knobi erlebt haben. Schade eigentlich. Das war ein so schöner Abend! Und die Mettbällchen ... ähm ... Jedenfalls war es nachts stiller in den Wäldern und Steppen, aber einige Dinos waren doch unterwegs. Viele nutzten die Nacht, um im Schutz der Dunkelheit auf Nahrungssuche zu gehen – übrigens auch viele kleine Säugetiere!

Manche Dinos, wie der **Ankylosaurus**, fraßen am Tag und in der Nacht, weil sie wegen ihrer Größe einfach ständig fressen mussten. Was für ein Leben!

Das schlaue **Troodon**, ein vogelähnlicher Dino der Oberkreide, hatte das im Verhältnis zu seinem Körper größte Gehirn und konnte damit Informationen, die er mit seinen großen Augen aufnahm, gut verarbeiten. Und solche Augen braucht man, um nachts etwas erkennen und Entfernungen einschätzen zu können.

Meeressaurier: das Leben im Wasser

Kokosnuss, Oskar und Matilda besuchen den Meeresdrachen Amadeus, um etwas über Meeresbewohner zur Dino-Zeit zu erfahren. „Dinosaurier im Wasser?“, sagt Amadeus. „Die gab es nicht.“
Die Freunde sehen ihn erstaunt an.

„Aber wir haben doch gelernt, dass alles Leben aus dem Wasser kommt“, sagt Oskar. „Das stimmt“, sagt Amadeus. „Aber die Saurier, die im Meer lebten, waren keine Dinosaurier. Sondern **Meeressaurier**: Reptilien, die sich ans Leben im Wasser angepasst hatten. Allerdings hatten sie keine Kiemen, wie Fische, sondern Lungen. Sie mussten zum Atmen auftauchen, wie noch heute Wale und Delfine.
Die ersten Reptilien gewöhnten sich im Laufe der Trias an das Leben im Wasser.
Nothosaurier wärmten sich an den Stränden auf, suchten aber ihre Nahrung im Wasser, wo es reichlich Beute gab.
Im Jura entwickelten sich die **Plesiosaurier**. Es gab zwei Gruppen: Die einen hatten ei-

Elasmosaurus

nen kleinen Kopf und einen langen Hals – der vom **Elasmosaurus** war 7 Meter lang! Mit ihrem tonnenförmigen Körper und den vier langen, paddelförmigen Flossen „flogen" sie durch das Wasser, ähnlich wie Pinguine.

Die anderen, die **Pliosaurier**, hatten einen kurzen, kräftigen Hals und einen größeren Kopf mit langer Schnauze. Der größte, schwerste und gefährlichste Pliosaurier war der **Liopleurodon**. Allein sein Schädel war fünf Meter, seine Zähne 30 Zentimeter lang.

Liopleurodon

Vermutlich konnte er seine Beute im Wasser riechen – wie ein Hai!

Die **Ichtyosaurier** ernährten sich von Fischen, Tintenfischen und Ammoniten. Das Erstaunliche an diesen Meeresreptilien ist, dass sie wie Fische eine Rückenfinne und eine breite Schwanzflosse hatten.

Ichtyosaurier

In den Ozeanen lebten unzählige Tiere – auch solche, die es heute noch gibt: Krebse, Schnecken, Quallen, Fische, Haie, Meeresschildkröten und Krokodile. Das Leben im Wasser war sicherlich ebenso gefährlich wie das an Land! Es sei denn, man ist so groß wie ich", sagt Amadeus und taucht ab.

Flugsaurier: die Saurier der Lüfte

Mit einem Rumms landet der große Flugdrache Eugen vor Kokosnuss und seinen Freunden. Sie haben sich verabredet, um über die Saurier der Lüfte zu sprechen.
„Glücklich, wer fliegen kann!", ruft Kokosnuss.
„Meinst du vielleicht, in der Luft war man sicher davor, gefressen zu werden?", fragt der Gründrache Eugen.
„Na klar!", ruft Kokosnuss. „Oder etwa nicht?"
„Nein. Genau wie Flugdrachen gab es auch Flugsaurier – die **Pterosaurier**", erklärt Eugen. „Die ersten tauchten vor etwa 225 Millionen Jahren auf. Im Laufe der Zeit entwickelten sich die unterschiedlichsten Arten. Aber eines hatten sie gemeinsam: hohle, leichte Knochen. Ihr vierter Finger war stark verlängert und mit dem Oberschenkel und der Körperflanke durch eine Flughaut verbunden", sagt Eugen.
„Das sind aber keine richtigen Flügel – nicht so schön, wie die Flügel der Feuerdrachen", sagt Kokosnuss.
„Stimmt", sagt Eugen und grinst. „Aber sie waren praktisch, wenn die Tiere einem Jäger vor der Nase wegfliegen mussten. Einige Pterosaurier lebten in Baumkronen, und wenn ein Feind kam, spannten sie die Flughäute auf und

ließen sich bis zum nächsten Baum gleiten. Andere, die an der Küste lebten, nutzten die Aufwinde, um sich in die Lüfte tragen zu lassen. Kleine Pterosaurier hingegen konnten richtig fliegen. Sie hatten starke Schulter- und Brustmuskeln, mit denen sie die Flügel auf- und abbewegen konnten.
Die **Pterosaurier des Jura-Zeitalters** hatten lange Schwänze mit einer Art Ruder am Ende. Damit konnten sie die Flughöhe regulieren. Mit den Beinen lenkten sie.
Die **Pterosaurier der Kreidezeit** waren schwanzlos, hatten aber oft Kämme auf den Schädeln. Die sahen nicht nur beeindruckend aus. Damit konnten sie wohl auch die Balance halten und steuern.
Der **Dimorphodon** lebte vor 205 Millionen Jahren im Jura. Er hatte eine Flügelspannweite von 1,5 Metern und nutzte für seinen Gleitflug Aufwinde an der Meeresküste.
Der **Pteranodon** hatte eine Flügelspannweite von 8 Metern, wog aber weniger als 18 Kilo. Er nutzte für seinen Gleitflug Aufwinde. Im langen Schnabel hatte er keine Zähne. Ausnahmen bestätigen die Regel! Einer der größten und gefährlichsten flugfähigen Flugsaurier war der fleischfressende **Hatzegopteryx**, der Dracula unter den Flugechsen. Er war so groß wie eine Giraffe und seine Flügelspannweite betrug etwa 10 bis 12 Meter. Damit war es so groß wie ein kleines Flugzeug. Er jagte kleine Pflanzenfresser im heutigen Rumänien. Hatzegopteryx stand an der Spitze der Nahrungskette."

Das Ende der Dinosaurier

160 Millionen Jahre lang beherrschten die Dinosaurier die Erde. Aber dann war mit buchstäblich einem Schlag alles vorbei: Wahrscheinlich traf ein riesiger Meteorit mit einem Durchmesser von 10 Kilometern die Erde, viel zu groß, um beim Eintreten in die Erdatmosphäre zu verglühen. Also keine Sternschnuppe, sondern ein furchtbares Geschoss! Es landete dort, wo sich der Golf von Mexiko und die Halbinsel Yucatán befinden. Der Krater ist bis heute zu sehen! Durch seine Wucht beim Aufprall löste der Brocken aus

dem All eine gewaltige Tsunamiwelle aus, die um die Erde raste und die Küsten überschwemmte. Die Erde bebte, Vulkane brachen aus und stießen Lava und heiße Asche aus. Glühende Gesteinsbrocken regneten auf die Erde nieder und steckten die Wälder in Brand. Monatelang verdunkelte die Asche den Himmel. Ohne Licht konnten keine Pflanzen mehr wachsen. Die Pflanzenfresser fanden nicht genügend Nahrung und verhungerten. Die Fleischfresser ernährten sich von dem Aas, das es nun überall gab. Aber nach und nach fanden auch sie nichts mehr zu fressen.

Die Katastrophe überlebten nur wenige Tiere: Insekten, Reptilien, einige Fische … und kleine Säugetiere. Die Dinos aber starben aus.

Warum wir so viel über Dinos wissen?

„Dr. Blumenkohl, woher weiß man so viel über Dinosaurier?", fragt Kokosnuss. „Die sind doch schon so lange ausgestorben. Und außer uns hat keiner einen lebenden Dino gesehen."

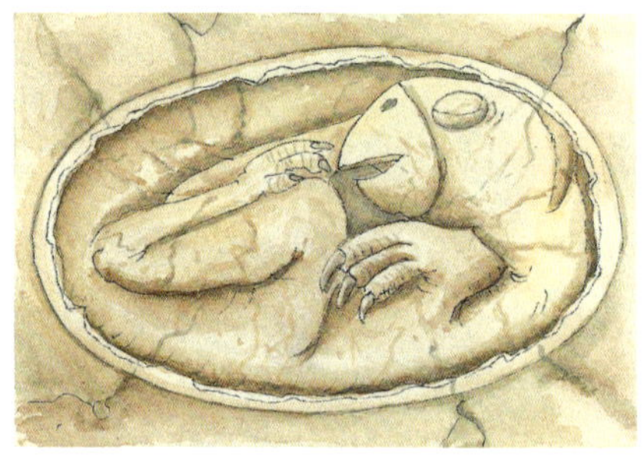

„Lebende nicht, das ist richtig", sagt Dr. Blumenkohl. „Aber tote, versteinerte. Als **Fossilien** sind viele Skelette von Dinosauriern erhalten geblieben. Nicht jeder Dino, der starb, versteinerte.
Aber einige Tiere, die von Lehm oder Sand luftdicht begraben wurden. Diese Überreste finden Forscher auf der ganzen Welt. Die **Paläontologen**, so heißen die Forscher, graben die Knochen und andere Überreste aus. Sogar versteinerte Eier mit Baby-Dinos darin hat man gefunden. Und versteinertes Dino-Kacka.

Dann beginnt die Puzzlearbeit! Nur selten finden die Paläontologen ein ganzes Skelett, bei dem alle Knochen noch am richtigen Ort liegen. Oft finden sie nur ein paar einzelne Knochen. Dann müssen sie herausfinden, zu welchem Dino die gehörten, ob es ein bereits bekannter Dino ist oder ein ganz neuer. Der bekommt dann einen neuen Namen."

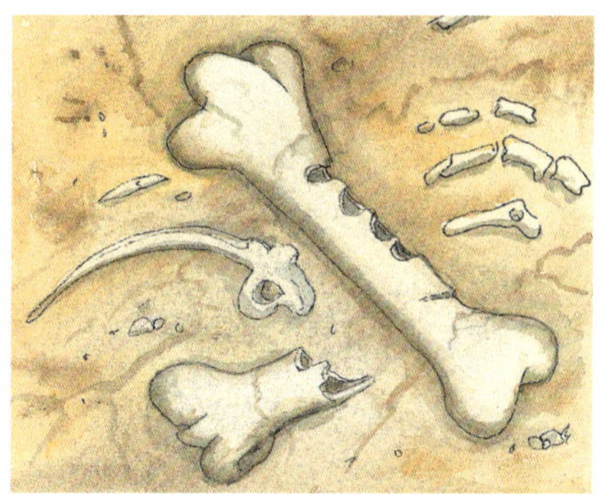

„So einen komplizierten", sagt Oskar.

Dr. Blumenkohl nickt. „Die Forscher setzen gern griechische Wörter zusammen, um ihren Fund zu beschreiben. Aber nicht immer liegen sie mit ihrer Beschreibung richtig. Beim Fund des ersten **Oviraptors** nahm man an, es handele sich um einen Eier-Dieb. Dabei beschützte er nur seine eigenen Eier vor einem Sandsturm. Viele fossile Skelette tragen Kratzer und Bissverletzungen. Daher weiß man, welche Dinos gegeneinander gekämpft haben. In einigen Skeletten stecken sogar noch Zähne des Gegners! Diese Funde erzählen viel über das Leben der Dinosaurier. Die Forscher wissen oft, wie ein Dino aussah: Wenn sich Federn mit abgedrückt haben, Knochenplatten oder Schuppen. Über die Hautfarbe der Dinos weiß allerdings keiner etwas. Die hat sich bei der Versteinerung immer verfärbt."

Fast überall auf der Welt wurden Überreste von Dinosauriern gefunden. Die Lebewesen der Trias konnten auf dem Kontinent **Pangäa** nahezu ungehindert überallhin wandern. Als der Superkontinent zerbrach, entwickelten sich die Dinos dort weiter, wo sie gerade lebten: Riesige Meere trennten sie jetzt voneinander. So entwickelten sie sich zwar ähnlich, aber doch anders.

Weltkarte der Dino-Funde
8
9
7
10
1 Dinosaur Provincial Park, Alberta, Kanada
2 Dinosaur National Monument, USA
3 Cerro Rajada, Argentinien
4 Provinz Chubut, Argentinien
5 Isle of Wight, Großbritannien
6 Solnhofen, Bayern, Deutschland
7 Tendaguru, Tansania
8 Wüste Gobi, Mongolei (China)
9 Provinz Lufeng, China
10 Dinosaur Cove, Melbourne, Australien

Und jetzt? Die Welt ohne Dinos …

Nach der Meteoriten-Katastrophe stand die Welt buchstäblich Kopf! Die Größe und Stärke der Dinosaurier hatte ihnen Millionen Jahre lang geholfen zu überleben. Aber ein großer Körper braucht viel Futter – und das stand nicht mehr zur Verfügung. Vermutlich überlebten nur Tiere, die weniger als 25 Kilo auf die Waage brachten. Und solche, die sich im Dunkeln orientieren konnten. Das war die Stunde der kleinen Säugetiere! Jetzt hatten sie kaum noch Fressfeinde. Sie konnten sich vermehren und – wiederum im Laufe von Millionen von Jahren – weiterentwickeln. Sie waren die Vorfahren unserer heutigen Säugetiere. Auch kleine Vögel überlebten – sie sind die direkten Nachfahren der Dinosaurier!
Die Natur schaffte es, die schlimmen Auswirkungen der Katastrophe zu überwinden. Neues Leben entstand auf der Erde, wenn auch unter anderen Bedingungen: Es wurde deutlich kälter. Ein neues Erdzeitalter brach an: Das **Känozoikum**, die Erdneuzeit. Die Pole froren zu. Eine Vielzahl von neuen Tierarten entstand. Und schließlich auch, vor etwa 2 Millionen Jahren, die ersten Menschen.

Gibt es heute noch Dinos?

Wer heute Dinos sehen will, hat zwei Möglichkeiten. Erstens: Ein Besuch im Museum oder im Dinopark. Im Museum sind oft ganze Skelette von Dinosauriern ausgestellt, echte und Nachbildungen. So kann jeder Besucher erleben, wie groß diese Tiere waren … Hier werden die Forschungsergebnisse aus der jahrelangen Forschung der Paläontologen präsentiert. Man kann auf Hinweistafeln allerhand nachlesen. Filme zeigen das Leben der Dinos – und wie die Forscher sie entdeckt und rekonstruiert haben.

Im Dinopark stehen Nachbildungen von Dinos, wie sie

vermutlich aussahen. Das ist ein tolles Erlebnis, denn diese Dinos darf man sogar anfassen! Oder zweitens: Ein Besuch in der freien Natur. Denn natürlich finden sich überall Nachfahren der Dinosaurier: die Vögel! Ja, wirklich, das hat die moderne Forschung ergeben! Aus den Dinos mit Federn und leichten Knochen entwickelten sich die Vögel – die ersten schon zu Dino-Zeiten!

Der vogelähnliche **Archeopteryx** ist der Beweis. Er hatte Federn, aber noch ein Maul voller Zähne und einen Knochenschwanz. Forscher fanden heraus: Vögel stammen von kleinen flinken **Theropoden** ab, den **Maniraptoren**. Zu denen zählte der **Compsognathus**. Der konnte nicht fliegen und hatte keine Federn, aber sein Körperbau entspricht dem eines Vogels. Schaut mal

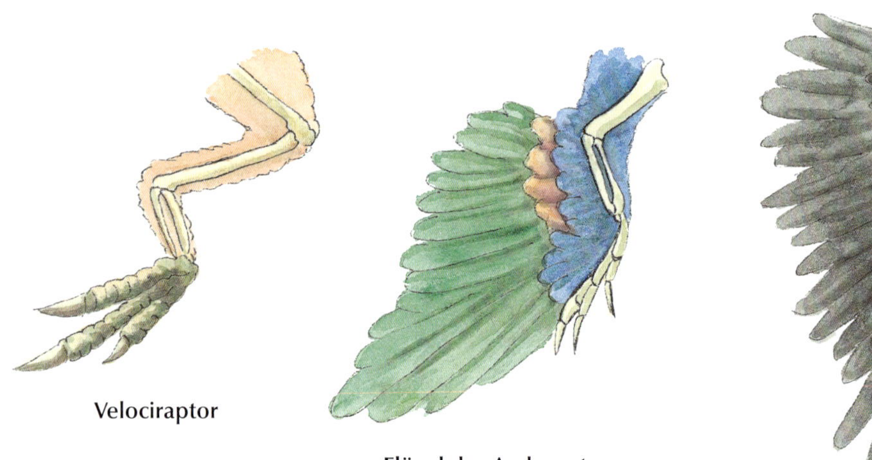

Velociraptor

Flügel des Archeopteryx

Rabenflügel

die Krallen so eines Vogels an. Fast wie eine Dino-Klaue! Oder vergleiche mal den **Troodon** mit einem Vogel Strauß – wie aus dem Gesicht geschnitten, oder nicht? Auch Schildkröten, Krokodile und Haie gibt es bis heute – sie sind aber keine Nachfahren der Dinosaurier, sondern waren Zeitgenossen, die die Katastrophe überlebten.
Der **Komodowaran** auf den Kleinen Sunda-Inseln (Indonesien) sieht zwar aus wie ein Dino und ist heute die größte Echse der Welt. Aber er ist kein direkter Nachfahre. Das verrät die Stellung seiner Beine! Bislang konnte sich kein Gerücht über die Sichtung eines Dinos halten: Alle Fotos vom Monster von Loch Ness, angeblich ein **Plesiosaurus**, sind Fälschungen.

Dinos und Drachen: Opa Jörgen weiß Bescheid!

Von ihrer Dino-Suche sind Kokosnuss, Matilda und Oskar ganz kaputt. Zum Glück bekommen sie bei Opa Jörgen ein Glas Saft.

„Wir haben sooo viel über Dinosaurier gelernt und haben sogar welche besucht", stöhnt Oskar. „Jetzt will ich endlich wissen, was Drachen und Dinos miteinander zu tun haben!"

Opa Jörgen kichert leise. „Ungefähr so viel wie Komodowarane mit den Dinos."

„Also nichts?", fragt Kokosnuss. „Nicht nichts", sagt Opa Jörgen. „Sie sind nur nicht direkt miteinander verwandt. Überall auf der Welt erzählt man sich seit Menschengedenken Geschichten über Drachen, in Europa genauso wie in China und Südamerika. Schlangenähnliche Wesen, riesig groß! Als vor Tausenden von Jahren die Menschen überall auf der Welt die ersten Knochen von Dinosauriern fanden, konnten sie sich nicht erklären, was es

In China wurden Drachen gute Eigenschaften zugeschrieben: Bis heute sind sie Glücksbringer.

In Europa galten Drachen als böse und hinterlistig, ein Übel, das bekämpft werden musste. So ein Unsinn!

damit auf sich hatte. Also dachten sie sich Geschichten über feuerspeiende, geflügelte Wesen mit gespaltenen Zungen und vielen Köpfen aus – und lange Zeit hielt man Drachen für echte Tiere."

„Wir sind doch echt!", ruft Kokosnuss.

„Ja, aber das wissen die Menschen ja nicht", sagt Opa Jörgen. „Als der englische Naturforscher Robert Plot 1677 den Oberschenkelknochen eines **Megalosaurus** fand, hielt er ihn für den eines Riesen. Erst seit 200 Jahren suchen Wissenschaftler gezielt nach Dino-Knochen. Die amerikanischen Fossiliensucher **Charles Marsh** und **Edward Drinker Cope** machten ab 1820 einen richtigen Wettstreit daraus – und entdeckten so mehr als 130 Dinosaurier-Arten. Nachdem Paläontologen in der ganzen Welt herausgefunden hatten, dass vor langer Zeit die Dinos die Erde bewohnt hatten, taten sie Drachen als Humbug ab."

„So ein Quatsch!", protestiert Oskar.

„Hm", schmunzelt Matilda. „Aber so im Geheimen lebt es sich auf unserer Dracheninsel doch ganz gut, findet ihr nicht? So fast ohne Besuch und Touristen?"

Geheimnis gelüftet: Dino gut – alles gut!

Kokosnuss, Matilda und Oskar stürmen ins Klassenzimmer. Dr. Blumenkohl erwartet sie schon. Er lächelt.
„Nun, konntet ihr das Geheimnis lüften?“, fragt er. „Sind Dinosaurier und Drachen miteinander verwandt?“
„Ja und nein!“, sagt Kokosnuss fachmännisch.
„Ja“, sagt Matilda, „weil viele Geschichten über Drachen ihren Ursprung in Dinoknochenfunden haben.“
„Und nein“, sagt Oskar, „weil wir nicht eine Familie sind. Also, so biologisch. Hätte mich auch echt gewundert. Wir haben ungefähr so viel gemeinsam wie eine Schildkröte mit einem Löwen. Wir sind viel schöner und schlauer.“
Kokosnuss grinst. „Nur Appetit hast du wie ein T-Rex.“
„Pöh“, sagt Oskar – und alle lachen.
Schließlich sagt Dr. Blumenkohl: „Das habt ihr prima gemacht. Ein außerordentlich spannendes Schulprojekt! Nun ja, jetzt, wo es abgeschlossen ist, können wir ja mit dem Unterricht weitermachen! Wenn ich mich nicht irre, steht Drachenkunde auf dem Stundenplan.“

Bei diesem Buch wurden die durch das verwendete Material und die Produktion entstandenen CO_2-Emissionen ausgeglichen, indem der cbj Verlag ein Projekt zur Aufforstung in Brasilien unterstützt. Weitere Informationen zu dem Projekt unter: www.ClimatePartner.com/14044-1912-1001

Penguin Random House
Verlagsgruppe FSC® N001967

5. Auflage

„Der kleine Drache Kokosnuss" ist eine Figur von Ingo Siegner.
Texte: Anna Taube, Bad Rodach
Artwork und Design: Alfred Dieler, Darmstadt
Umschlagkonzeption: Init GmbH, Bad Oeynhausen
hf · Herstellung: AJ
Satz- und Reproduktion: Lorenz & Zeller, Inning a.A.
Druck: Grafisches Centrum Cuno GmbH & Co. KG, Calbe
ISBN 978-3-570-17274-2
Printed in Germany

www.cbj-verlag.de
www.drache-kokosnuss.de
www.youtube.com/drachekokosnuss

Alle Kokosnuss-Abenteuer auf einen Blick:

1. Der kleine Drache Kokosnuss – Seine ersten Abenteuer (groß: 978-3-570-17566-8 und klein: 978-3-570-17567-5)
2. Der kleine Drache Kokosnuss feiert Weihnachten (groß: 978-3-570-17565-1 und klein: 978-3-570-17564-4)
3. Der kleine Drache Kokosnuss kommt in die Schule (978-3-570-12716-2)
4. Der kleine Drache Kokosnuss – Hab keine Angst! (978-3-570-12806-0)
5. Der kleine Drache Kokosnuss und der große Zauberer (978-3-570-12807-7)
6. Der kleine Drache Kokosnuss und der schwarze Ritter (978-3-570-12808-4)
7. Der kleine Drache Kokosnuss – Schulfest auf dem Feuerfelsen (978-3-570-12941-8)
8. Der kleine Drache Kokosnuss und die Wetterhexe (978-3-570-12942-5)
9. Der kleine Drache Kokosnuss reist um die Welt (groß: 978-3-570-17981-9 und klein: 978-3-570-17980-2)
10. Der kleine Drache Kokosnuss und die wilden Piraten (978-3-570-13437-5)
11. Der kleine Drache Kokosnuss im Spukschloss (978-3-570-13039-1)
12. Der kleine Drache Kokosnuss und der Schatz im Dschungel (978-3-570-13645-4)
13. Der kleine Drache Kokosnuss und das Vampir-Abenteuer (978-3-570-13702-4)
14. Der kleine Drache Kokosnuss und das Geheimnis der Mumie (978-3-570-13703-1)
15. Der kleine Drache Kokosnuss und die starken Wikinger (978-3-570-13704-8)
16. Der kleine Drache Kokosnuss auf der Suche nach Atlantis (978-3-570-15280-5)
17. Der kleine Drache Kokosnuss bei den Indianern (978-3-570-15281-2)
18. Der kleine Drache Kokosnuss im Weltraum (978-3-570-15283-6)
19. Der kleine Drache Kokosnuss reist in die Steinzeit (978-3-570-15282-9)
20. Der kleine Drache Kokosnuss – Schulausflug ins Abenteuer (978-3-570-15637-7)
21. Der kleine Drache Kokosnuss bei den Dinosauriern (978-3-570-15660-5)
22. Der kleine Drache Kokosnuss und der geheimnisvolle Tempel (978-3-570-15829-6)
23. Der kleine Drache Kokosnuss und die Reise zum Nordpol (978-3-570-15863-0)
24. Der kleine Drache Kokosnuss – Expedition auf dem Nil (978-3-570-15978-1)
25. Der kleine Drache Kokosnuss – Vulkan-Alarm auf der Dracheninsel (978-3-570-17303-9)
26. Der kleine Drache Kokosnuss bei den wilden Tieren (978-3-570-17422-7)
27. Der kleine Drache Kokosnuss und der Zauberschüler (978-3-570-17569-9)
28. Der kleine Drache Kokosnuss bei den Römern (978-3-570-17656-6)
29. Der kleine Drache Kokosnuss und der chinesische Drache (978-3-570-17734-1)
30. Der kleine Drache Kokosnuss und die Drachenprüfung (978-3-570-17829-4)
31. Der kleine Drache Kokosnuss in Australien (978-3-570-17976-5)